AF358311

Vente du Jeudi 26 Décembre 1872.

SALLE N° 8.

BELLE COLLECTION

DE

MEUBLES, ÉTOFFES

GUIPURES & TAPIS

~~~~~~~~~~~~~~~

EXPOSITIONS :

</div>

PARTICULIÈRE	PUBLIQUE
Le Mardi 24 Décembre 1872	*Le Mercredi 25 Décembre 1872*

<div align="center">

~~~~~~~~~~~~~~~

COMMISSAIRE-PRISEUR	EXPERT
M° CHARLES PILLET,	M. CHARLES MANNHEIM
10, rue de la Grange-Batelière.	7, rue Saint-Georges.

CATALOGUE

D'UNE BELLE COLLECTION

DE

MEUBLES ANCIENS

ÉTOFFES & GUIPURES

TRÈS-BELLES CRÉDENCES DES XVᵉ ET XVIᵉ SIÈCLES ; TABLE DU
XVIᵈ SIÈCLE ; CONSOLE DU TEMPS DE LOUIS XIV :

BEAU TAPIS DE PERSE ;

DEVANT D'AUTEL DU XVIᵉ SIÈCLE BRODÉ EN OR, ARGENT ET SOIE ;

BELLES ÉTOFFES DES XVᵉ, XVIᵉ, XVIIᵉ ET XVIIIᵉ SIÈCLES ;

GUIPURES EN POINT DE VENISE EN RELIEF, POINT COUPÉ, ETC.

Le tout arrivant de l'étranger

ET DONT LA VENTE AURA LIEU

HOTEL DROUOT, Salle n° 8

Le Jeudi 26 Décembre 1872

à deux heures.

———————

Par le Ministère de Mᵉ CHARLES PILLET, Commissaire-Priseur,
10, rue de la Grange-Batelière ;
Assisté de M. CHARLES MANNHEIM, expert, 7, rue Saint-Georges.

Chez lesquels se trouve le présent Catalogue.

———————

EXPOSITIONS
{ *PARTICULIÈRE : le Mardi 24 Décembre 1872.*
{ *PUBLIQUE : le Mercredi 25 Décembre 1872.*

DE UNE HEURE ET DEMIE A CINQ HEURES ET DEMIE.

CONDITIONS DE LA VENTE.

———

Elle sera faite au comptant.

Les adjudicataires payeront *cinq pour cent* en sus des enchères.

L'exposition mettant le public à même de se rendre compte de l'état des objets, il ne sera admis aucune réclamation une fois l'adjudication prononcée.

———

Paris. — Typ. PILLET fils aîné, 5, rue des Grands-Augustins.

DÉSIGNATION DES OBJETS

MEUBLES

1 — Très-belle crédence en noyer sculpté. Elle est à pans
coupés et à dossier surmonté de trois figures et d'une
galerie découpée à jour. Les panneaux sont très-riches
de sculptures, celui du milieu porte les armes de France.
Les portes sont munies de leurs ferrures et verroux.
Superbe travail lyonnais de l'époque de Charles VIII.

2 — Autre crédence en noyer de même dimension que
la précédente, à pans coupés et à dossier, très-richement
décorée d'arabesques et grotesques. Très-belle pièce
de travail lyonnais de l'époque de François Ier.

3 — Jolie table en noyer à quatre pieds et à rallonges,
ornée de filets en marqueterie. La traverse du milieu
supporte des balustres soutenant des arcades. Meuble
simple, mais très-complet du xvie siècle.

4 — Très-belle console en chêne sculpté à quatre pieds,
avec beau dessus en marbre. Époque de Louis XIV.

5 — Grand lit en bois sculpté peint en blanc, avec sa garniture en étoffe. Époque Louis XVI.

5 *bis*. — Deux fauteuils en cuivre repoussé de la fin du xvie siècle.

TAPIS

6 — Très-grand et beau tapis de Smyrne, décor à compartiments avec rosace au centre, coins, bordure ; le fond rouge semé de dessins et de fleurs. Environ dix mètres sur huit.

7 — Magnifique tapis de Perse à fond jaune à décor d'arabesques et riche bordure fond rouge chargée de palmes et feuillages en couleurs. Pièce capitale.

ÉTOFFES

8 — Devant d'autel représentant un grand paysage avec villages, arbres, maisons et animaux de toutes sortes ; au centre, le Christ en pied, ayant à droite et à gauche un lion, assiste à la pêche miraculeuse. Le tout brodé en relief d'or, d'argent et de soie. Pièce très-remarquable par son travail et sa richesse, de la deuxième moitié du xvie siècle.

9 — Grande couverture en point de Marseille avec bordure au petit point et au passé. Le fond décoré de rinceaux de couleurs et de feuillages, ornements et figures brodés en couleurs. Époque Louis XIV.

10 — Grand panneau en damas de soie rouge, avec bordure, coins et milieu décorés de fleurs et feuillages brodés en soie. Doublure soie rouge.

11 — Grande couverte en satin olive avec broderies de soie de couleurs et crépine assortie.

12 — Grande couverture en damas de soie rouge avec bandes et bordures en velours à parterre.

13 — Grand tapis satin damassé, fond jaune avec broderies en soie de couleur, représentant des arabesques, fleurs, fruits et oiseaux.

14 — Grand panneau fond bleu clair couvert de dessins, arabesques et fleurs brodées en soie et or. XVIᵉ siècle.

15 — Grand panneau de soie au petit point, décor d'arabesques et feuillages.

16 — Un panneau au petit point soie fond blanc, arabesques jaunes et fleurs.

17 — Lit complet en drap chamois, composé de deux grands rideaux de 2 mètres 15, décorés chacun de sept bandes de broderie au petit point en couleurs. Deux petits rideaux de même longueur avec bordure de broderies pareilles et trois lambrequins. Époque Louis XIII.

18 — Trois PANNEAUX de soie fond jaune à dessins brodés en couleurs.

19 — TAPIS SATIN fond bleu avec riches broderies, dessins chinois, belle frange.

20 — TAPIS SATIN fond cramoisi avec semis de fleurs de couleurs variées ; au centre, une armoirie.

21 — TAPIS, décor de fleurs et ornements en brocard d'or. Époque Louis XIV.

22 — TAPIS A FLEURS, fond gris verdâtre en soie, avec bordure en olives.

23 — TAPIS fond vert en soie, brodé de fleurs et feuillages.

24 — DEVANT D'AUTEL, fond de satin jaune, avec feuillages et rinceaux brochés en soie.

25 — DEVANT D'AUTEL en satin rouge, du XV⁰ siècle, décoré de rinceaux brodés d'or et de soie, avec médaillons à sujets de l'histoire de la Vierge et enrichi d'une crépine soie et or. Pièce remarquable. — Longueur, 2ᵐ40 ; haut., 0,30.

26 — BELLE CHASUBLE du XV⁰ siècle, velours rouge, fleurdelisé d'or, avec bande et croix brodées en soie et or.

27 — Autre du même genre sur fond de damas rouge tissé d'or.

28 — CHASUBLE du xvi° siècle, en satin blanc, richement
brodée de soie.

29 — Autre de satin blanc, richement brodée de soie et
d'or.

30 — Autre chasuble brodée en passementerie.

31 — CHOIX du xv° siècle, à sujets brodés en soie et or,
provenant d'une chasuble.

32 — TAPIS DE TABLE en velours de soie rouge, avec bordure et armoirie au centre, brodés en or à doublure
de soie.

33 — PETIT TAPIS DE TABLE en satin rouge, avec bordure à
franges, ornements découpés en velours vert et souta-
chés de blanc.

34 — PETIT TAPIS DE SOIE broché, à fleurs Louis XV.

35 — PETIT TAPIS DE TABLE en point de Hongrie, avec
frange en soie.

36 — PETIT TAPIS DE TABLE en soie bleue, bordure à dents,
couvert d'oiseaux et d'ornements brodés d'or et de
soie.

37 — PETIT TAPIS DE TABLE carré, fond jaune et vert.

38 — Deux très-beaux coussins, point de Marseille, en
soie, décorés de rinceaux, feuillages et oiseaux.

39 — Grand coussin en broderie de soie, rinceaux et
oiseaux sur fond satin jaune clair.

40 — Deux jolis petits coussins en satin rouge, avec riches
broderies d'or. Travail du xvie siècle.

41 — Étoffe lampas rouge et or, à dessin de fleurs. Environ 55 mètres.

42 — Étoffe de soie brochée en couleurs et or. Sept lés
de $0^m,97$.

43 — Étoffe de soie à rayures brodées, époque Louis XVI.
Longueur, $4^m,80$.

44 — Bande de velours à parterre du xvie siècle, fond jaune
de $5^m,75$ sur $0^m,26$.

45 — Autre bande de même genre, de $2^m,10$ sur $0^m,26$.

46 — Quatre bandes de $1^m,40$, fleurs et rinceaux en soie
au petit point, rehaussés d'or sur fond de satin jaune.

47 — Morceau de brocatelle, rinceaux et animaux héraldiques, de 1ᵐ,45 sur 0ᵐ,95. xvıᵉ siècle.

48 — Deux morceaux de brocatelle à dessins bleu clair sur
fond jaune. xvıᵉ siècle, environ 2 mètres.

49 — Bande de so'e blanche, richement brodée au passé,
de rinceaux et feuillages. Longueur, 1ᵐ,02 sur 0ᵐ,32.

50 — Morceau d'étoffe en soie, fond blanc, dessins à fleurs.

51 — Deux lés de lampas rouge à dessins argentés, figures allégoriques et arabesques. Longueur de chaque
lé, 1ᵐ,40.

GUIPURES

52-57 — Six nappes en guipure blanche et de couleurs.
Elles seront vendues séparément.

58-61 — Quatre nappes en toile brodée en soie rouge, à
figures, arabesques, etc. Type du xvıᵉ siècle. Elles seront vendues séparément.

62 — Deux dessus de coussins, toile, avec bordure de guipure soie et fil ; du xvıᵉ siècle. Travail très fin.

63 — Petite nappe en toile avec broderies de soie de couleurs, sans envers. Travail vénitien, xvi° siècle.

64-90 — Quantité de guipures, point de Venise à relief,
point coupé et autres pour toilette et ameublement.
Ce lot sera divisé.

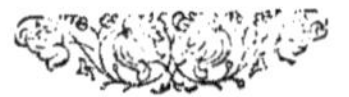